Yo soy el OSO grizzly

Karen Durrie

El enriquecido libro electrónico AV² te ofrece una experiencia bilingüe completa entre el inglés y el español para aprender el vocabulario de los dos idiomas.

This AV² media enhanced book gives you a fully bilingual experience between English and Spanish to learn the vocabulary of both languages.

Spanish   **English**

Navegación bilingüe AV²
AV² Bilingual Navigation

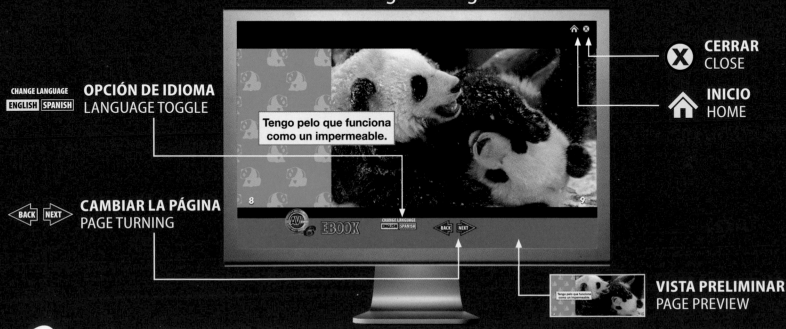

CHANGE LANGUAGE
ENGLISH | SPANISH

OPCIÓN DE IDIOMA
LANGUAGE TOGGLE

Tengo pelo que funciona como un impermeable.

BACK | NEXT

CAMBIAR LA PÁGINA
PAGE TURNING

CERRAR
CLOSE

INICIO
HOME

VISTA PRELIMINAR
PAGE PREVIEW

Yo soy el OSO grizzly

En este libro te enseñaré acerca de:

- mí mismo
- mi alimento
- mi hogar
- mi familia

¡y mucho más!

3

Soy un oso grizzly.

4

Nazco cuando mi madre está durmiendo.

Con mi nariz puedo oler desde 18 millas de distancia.

8

Froto mi cuerpo en los árboles para marcar el lugar donde vivo.

Peso tanto como seis personas adultas.

13

Puedo correr
más rápido que
un caballo.

Duermo durante casi ocho meses en invierno.

17

Puedo comer 90 libras de alimento en un día.

Tengo mi hogar en las montañas, bosques y valles.

Soy un oso grizzly.

DATOS SOBRE LOS GRIZZLIES

Estas páginas brindan información detallada que amplía aquellos datos interesantes que se encuentran en el libro. Se pretende que los adultos utilicen estas páginas como herramienta de aprendizaje para contribuir a que los jóvenes lectores completen sus conocimientos acerca de cada animal sorprendente que aparece en la serie *Yo soy*.

páginas 4–5

Soy un oso grizzly.

Soy un oso grizzly. El oso grizzly es un tipo de oso marrón que recibe su nombre por las puntas plateadas o entrecanas de su piel. Su piel oscila entre rubia a negra. Los osos grizzlies viven en Alaska, Montana, Idaho, Wyoming, Washington y en Canadá.

páginas 6–7

Nazco cuando mi madre está durmiendo.

Los grizzlies nacen cuando su madre está durmiendo. Los cachorros nacen durante la hibernación de la madre. En general, nacen dos, pero pueden nacer entre una y cuatro crías. Los cachorros nacen ciegos pero se las ingenian para encontrar la leche de su madre. Cuando ella se despierta en primavera, sus cachorros ya son lo suficientemente grandes como para abandonar la guarida y explorar.

páginas 8–9

Con mi nariz puedo oler desde 18 millas de distancia.

Los grizzlies tienen una nariz capaz de oler desde 18 millas (29 kilómetros) de distancia. Su sentido de olfato es uno de los más desarrollados en el mundo, miles de veces más que el del ser humano. Los científicos descubrieron que los grizzlies pueden detectar el olor de las personas que han estado en el área durante las últimas 14 horas.

páginas 10–11

Froto mi cuerpo en los árboles para marcar el lugar donde vivo.

Los grizzlies frotan sus cuerpos en troncos y árboles para marcar el lugar donde viven. Marcan el territorio con su mordedura, rasguños y el frotamiento contra los troncos de los árboles. Su olor advierte a otros osos que el área está ocupada.

páginas 12–13

Los grizzlies pesan tanto como seis personas adultas. El peso promedio de un macho es de aproximadamente de 550 libras (250 kilogramos). Las hembras pesan alrededor de 350 libras (159 kg). Los osos que viven en las áreas costeras del norte pueden llegar a pesar más de 1.000 libras (454 kg), y medir 7 pies (2,13 metros) de altura cuando están erguidos.

páginas 14–15

Los grizzlies pueden correr más rápido que un caballo. Pueden alcanzar velocidades de 35 millas (56 km) por hora. Esto es dos veces más rápido de lo que corre la mayoría de la gente. Pueden superar a los caballos, pero solo durante distancias cortas. Los osos grises no tienen resistencia para correr durante largos períodos de tiempo.

páginas 16–17

Los grizzlies duermen durante casi ocho meses en invierno. Entran en su guarida e hibernan durante el invierno. Lo hacen debido a que no hay mucho alimento disponible. Se alimentan de las reservas de grasa que almacenaron en sus cuerpos luego de comer todo el verano.

páginas 18–19

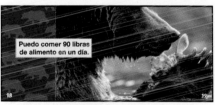

Los grizzlies pueden comer 90 libras (41 kg) de alimento en un día. Comen casi de todo. Su dieta incluye raíces, bayas, insectos, pescado, roedores y animales grandes como un ciervo. Pueden comer más de 200.000 bayas en un día. Al final del verano, comerán continuamente para estar preparados para la hibernación.

páginas 20–21

Los grizzlies viven en bosques de montañas y valles. Son especies amenazadas. Han perdido un 98 por ciento de su hábitat debido a la actividad humana. Solo quedan alrededor de 1.200 osos grises en los 48 estados contiguos. La población en Alaska y Canadá es mucho mayor, con 30.000 y 26.000 respectivamente.

¡Visita www.av2books.com para disfrutar de tu libro interactivo de inglés y español!
Check out www.av2books.com for your interactive English and Spanish ebook!

Tengo pelo que funciona como un impermeable.

8

1 **Entra en www.av2books.com**
Go to www.av2books.com

2 **Ingresa tu código**
Enter book code

B 1 9 3 1 8 8

3 **¡Alimenta tu imaginación en línea!**
Fuel your imagination online!

www.av2books.com

Published by AV² by Weigl
350 5th Avenue, 59th Floor New York, NY 10118
Website: www.av2books.com   www.weigl.com

Library of Congress Cataloging-in-Publication Data

Durrie, Karen.
  [I am a grizzly bear. Spanish]
  Oso grizzly/ Karen Durrie.
    p. cm. -- (Yo soy)
  Audience: K to grade 3.
  ISBN 978-1-62127-569-5 (hardcover : alk. paper) -- ISBN 978-1-62127-570-1 (ebook)
  1. Grizzly bear--Juvenile literature. I. Title.
  QL737.C27D68718 2014
  599.784--dc23
                                        2013005042

Printed in the United States of America in North Mankato, Minnesota
1 2 3 4 5 6 7 8 9 0   17 16 15 14 13

032013
WEP050313

Project Coordinator: Karen Durrie
Spanish Editor: Tanjah Karvonen
Art Director: Terry Paulhus